THIS BOOK BELONGS TO:

NAME • _____

CONTACT • _____

EMAIL • _____

Copyright © Emily Grace

All rights reserved. This book or parts thereof may not be reproduced in any form, stored in any retrieval system, or transmitted in any form by any means - electronic, mechanical, photocopy, recording, or otherwise - without prior written permission of the publisher, except as provided by United States of America copyright law.

A

Web Site _____

    Email used _____
    Username _____
    Password _____
    _____
    _____

    Notes _____
    _____
    _____

Web Site _____

    Email used _____
    Username _____
    Password _____
    _____
    _____

    Notes _____
    _____
    _____

Web Site _____

    Email used _____
    Username _____
    Password _____
    _____
    _____

    Notes _____
    _____
    _____

Web Site _____

    Email used _____
    Username _____
    Password _____
    _____
    _____

    Notes _____
    _____
    _____

Web Site _____

    Email used _____
    Username _____
    Password _____
    _____
    _____

    Notes _____
    _____
    _____

Web Site _____

    Email used _____
    Username _____
    Password _____
    _____
    _____

    Notes _____
    _____
    _____

A

A

Web Site _____

    Email used _____
    Username _____
    Password _____
    _____
    _____

    Notes _____
    _____
    _____

Web Site _____

    Email used _____
    Username _____
    Password _____
    _____
    _____

    Notes _____
    _____
    _____

Web Site _____

    Email used _____
    Username _____
    Password _____
    _____
    _____

    Notes _____
    _____
    _____

Web Site _____   **A**

    Email used _____

    Username _____

    Password _____

    _____

    _____

    Notes _____

    _____

    _____

Web Site _____

    Email used _____

    Username _____

    Password _____

    _____

    _____

    Notes _____

    _____

    _____

Web Site _____

    Email used _____

    Username _____

    Password _____

    _____

    _____

    Notes _____

    _____

    _____

Web Site _____

    Email used _____
    Username _____
    Password _____
    _____
    _____

    Notes _____
    _____
    _____

Web Site _____

    Email used _____
    Username _____
    Password _____
    _____
    _____

    Notes _____
    _____
    _____

Web Site _____

    Email used _____
    Username _____
    Password _____
    _____
    _____

    Notes _____
    _____
    _____

Web Site _____

    Email used _____
    Username _____
    Password _____
    _____
    _____

    Notes _____
    _____
    _____

Web Site _____

    Email used _____
    Username _____
    Password _____
    _____
    _____

    Notes _____
    _____
    _____

Web Site _____

    Email used _____
    Username _____
    Password _____
    _____
    _____

    Notes _____
    _____
    _____

B

B

Web Site _____

    Email used _____
    Username _____
    Password _____
    _____
    _____

    Notes _____
    _____
    _____

Web Site _____

    Email used _____
    Username _____
    Password _____
    _____
    _____

    Notes _____
    _____
    _____

Web Site _____

    Email used _____
    Username _____
    Password _____
    _____
    _____

    Notes _____
    _____
    _____

Web Site _____

    Email used _____
    Username _____
    Password _____
    _____
    _____

    Notes _____
    _____
    _____

Web Site _____

    Email used _____
    Username _____
    Password _____
    _____
    _____

    Notes _____
    _____
    _____

Web Site _____

    Email used _____
    Username _____
    Password _____
    _____
    _____

    Notes _____
    _____
    _____

B

Web Site _____

    Email used _____
    Username _____
    Password _____
    _____
    _____

    Notes _____
    _____
    _____

Web Site _____

    Email used _____
    Username _____
    Password _____
    _____
    _____

    Notes _____
    _____
    _____

Web Site _____

    Email used _____
    Username _____
    Password _____
    _____
    _____

    Notes _____
    _____
    _____

Web Site _____

    Email used _____
    Username _____
    Password _____
    _____
    _____

    Notes _____
    _____
    _____

Web Site _____

    Email used _____
    Username _____
    Password _____
    _____
    _____

    Notes _____
    _____
    _____

Web Site _____

    Email used _____
    Username _____
    Password _____
    _____
    _____

    Notes _____
    _____

Web Site _____

    Email used _____
    Username _____
    Password _____

    _____

    _____

    Notes _____

    _____

    _____

Web Site _____

    Email used _____
    Username _____
    Password _____

    _____

    _____

    Notes _____

    _____

    _____

Web Site _____

    Email used _____
    Username _____
    Password _____

    _____

    _____

    Notes _____

    _____

    _____

Web Site

    Email used

    Username

    Password

    Notes

Web Site

    Email used

    Username

    Password

    Notes

Web Site

    Email used

    Username

    Password

    Notes

C

D

Web Site _____

    Email used _____
    Username _____
    Password _____
    _____
    _____

    Notes _____
    _____
    _____

Web Site _____

    Email used _____
    Username _____
    Password _____
    _____
    _____

    Notes _____
    _____
    _____

Web Site _____

    Email used _____
    Username _____
    Password _____
    _____
    _____

    Notes _____
    _____
    _____

Web Site

    Email used
    Username
    Password

    Notes

Web Site

    Email used
    Username
    Password

    Notes

Web Site

    Email used
    Username
    Password

    Notes

D

D

Web Site _____

    Email used _____
    Username _____
    Password _____
    _____
    _____

    Notes _____
    _____
    _____

Web Site _____

    Email used _____
    Username _____
    Password _____
    _____
    _____

    Notes _____
    _____
    _____

Web Site _____

    Email used _____
    Username _____
    Password _____
    _____
    _____

    Notes _____
    _____
    _____

Web Site _____

    Email used _____
    Username _____
    Password _____
    _____
    _____

    Notes _____
    _____
    _____

D

Web Site _____

    Email used _____
    Username _____
    Password _____
    _____
    _____

    Notes _____
    _____
    _____

Web Site _____

    Email used _____
    Username _____
    Password _____
    _____
    _____

    Notes _____
    _____
    _____

E

Web Site _____

    Email used _____
    Username _____
    Password _____

    _____
    _____

    Notes _____
    _____
    _____

Web Site _____

    Email used _____
    Username _____
    Password _____

    _____
    _____

    Notes _____
    _____
    _____

Web Site _____

    Email used _____
    Username _____
    Password _____

    _____
    _____

    Notes _____
    _____
    _____

Web Site _____

    Email used _____
    Username _____
    Password _____
    _____
    _____

    Notes _____
    _____
    _____

E

Web Site _____

    Email used _____
    Username _____
    Password _____
    _____
    _____

    Notes _____
    _____
    _____

Web Site _____

    Email used _____
    Username _____
    Password _____
    _____
    _____

    Notes _____
    _____
    _____

Web Site _____

    Email used _____
    Username _____
    Password _____
    _____
    _____

    Notes _____
    _____
    _____

Web Site _____

    Email used _____
    Username _____
    Password _____
    _____
    _____

    Notes _____
    _____
    _____

Web Site _____

    Email used _____
    Username _____
    Password _____
    _____
    _____

    Notes _____
    _____
    _____

Web Site _____

    Email used _____
    Username _____
    Password _____
    _____
    _____

    Notes _____
    _____
    _____

Web Site _____

    Email used _____
    Username _____
    Password _____
    _____
    _____

    Notes _____
    _____
    _____

Web Site _____

    Email used _____
    Username _____
    Password _____
    _____
    _____

    Notes _____
    _____
    _____

E

F

Web Site

 Email used
 Username
 Password

 Notes

Web Site

 Email used
 Username
 Password

 Notes

Web Site

 Email used
 Username
 Password

 Notes

Web Site _____

    Email used _____
    Username _____
    Password _____
    _____
    _____

    Notes _____
    _____
    _____

Web Site _____

    Email used _____
    Username _____
    Password _____
    _____
    _____

    Notes _____
    _____
    _____

Web Site _____

    Email used _____
    Username _____
    Password _____
    _____
    _____

    Notes _____
    _____
    _____

F

Web Site _____

    Email used _____
    Username _____
    Password _____
    _____
    _____

    Notes _____
    _____
    _____

Web Site _____

    Email used _____
    Username _____
    Password _____
    _____
    _____

    Notes _____
    _____
    _____

Web Site _____

    Email used _____
    Username _____
    Password _____
    _____
    _____

    Notes _____
    _____
    _____

Web Site

Email used
Username
Password

Notes

Web Site

Email used
Username
Password

Notes

Web Site

Email used
Username
Password

Notes

G

Web Site _____

    Email used _____
    Username _____
    Password _____
    _____
    _____

    Notes _____
    _____
    _____

Web Site _____

    Email used _____
    Username _____
    Password _____
    _____
    _____

    Notes _____
    _____
    _____

Web Site _____

    Email used _____
    Username _____
    Password _____
    _____
    _____

    Notes _____
    _____
    _____

Web Site _____

    Email used _____
    Username _____
    Password _____
    _____
    _____

    Notes _____
    _____
    _____

G

Web Site _____

    Email used _____
    Username _____
    Password _____
    _____
    _____

    Notes _____
    _____
    _____

Web Site _____

    Email used _____
    Username _____
    Password _____
    _____
    _____

    Notes _____
    _____
    _____

Web Site _____

    Email used _____
    Username _____
    Password _____
    _____
    _____

    Notes _____
    _____
    _____

Web Site _____

    Email used _____
    Username _____
    Password _____
    _____
    _____

    Notes _____
    _____
    _____

Web Site _____

    Email used _____
    Username _____
    Password _____
    _____
    _____

    Notes _____
    _____

Web Site _____

    Email used _____
    Username _____
    Password _____

    _____
    _____

    Notes _____

    _____
    _____

G

Web Site _____

    Email used _____
    Username _____
    Password _____

    _____
    _____

    Notes _____

    _____
    _____

Web Site _____

    Email used _____
    Username _____
    Password _____

    _____
    _____

    Notes _____

    _____
    _____

H

Web Site _____

    Email used _____
    Username _____
    Password _____
    _____
    _____

    Notes _____
    _____
    _____

Web Site _____

    Email used _____
    Username _____
    Password _____
    _____
    _____

    Notes _____
    _____
    _____

Web Site _____

    Email used _____
    Username _____
    Password _____
    _____
    _____

    Notes _____
    _____
    _____

Web Site _____

    Email used _____
    Username _____
    Password _____
    _____
    _____

    Notes _____
    _____

H

Web Site _____

    Email used _____
    Username _____
    Password _____
    _____
    _____

    Notes _____
    _____

Web Site _____

    Email used _____
    Username _____
    Password _____
    _____
    _____

    Notes _____
    _____

H

Web Site _____

    Email used _____
    Username _____
    Password _____
    _____
    _____

    Notes _____
    _____
    _____

Web Site _____

    Email used _____
    Username _____
    Password _____
    _____
    _____

    Notes _____
    _____
    _____

Web Site _____

    Email used _____
    Username _____
    Password _____
    _____
    _____

    Notes _____
    _____
    _____

Web Site _____

    Email used _____
    Username _____
    Password _____
    _____
    _____

    Notes _____
    _____
    _____

H

Web Site _____

    Email used _____
    Username _____
    Password _____
    _____
    _____

    Notes _____
    _____
    _____

Web Site _____

    Email used _____
    Username _____
    Password _____
    _____
    _____

    Notes _____
    _____
    _____

Web Site

Email used
Username
Password

Notes

Web Site

Email used
Username
Password

Notes

Web Site

Email used
Username
Password

Notes

Web Site

    Email used
    Username
    Password

    Notes

Web Site

    Email used
    Username
    Password

    Notes

Web Site

    Email used
    Username
    Password

    Notes

Web Site _____

    Email used _____
    Username _____
    Password _____
    _____
    _____

    Notes _____
    _____
    _____

Web Site _____

    Email used _____
    Username _____
    Password _____
    _____
    _____

    Notes _____
    _____
    _____

Web Site _____

    Email used _____
    Username _____
    Password _____
    _____
    _____

    Notes _____
    _____
    _____

Web Site _____

    Email used _____
    Username _____
    Password _____
    _____
    _____

    Notes _____
    _____
    _____

Web Site _____

    Email used _____
    Username _____
    Password _____
    _____
    _____

    Notes _____
    _____
    _____

Web Site _____

    Email used _____
    Username _____
    Password _____
    _____
    _____

    Notes _____
    _____
    _____

Web Site _____

    Email used _____
    Username _____
    Password _____

    _____
    _____

    Notes _____

    _____
    _____

J

Web Site _____

    Email used _____
    Username _____
    Password _____

    _____
    _____

    Notes _____

    _____
    _____

Web Site _____

    Email used _____
    Username _____
    Password _____

    _____
    _____

    Notes _____

    _____
    _____

Web Site

    Email used

    Username

    Password

    Notes

Web Site

    Email used

    Username

    Password

    Notes

Web Site

    Email used

    Username

    Password

    Notes

Web Site _____

    Email used _____
    Username _____
    Password _____
    _____
    _____

    Notes _____
    _____
    _____

Web Site _____

    Email used _____
    Username _____
    Password _____
    _____
    _____

    Notes _____
    _____
    _____

Web Site _____

    Email used _____
    Username _____
    Password _____
    _____
    _____

    Notes _____
    _____
    _____

Web Site _____

    Email used _____
    Username _____
    Password _____
    _____
    _____

    Notes _____
    _____
    _____

J

Web Site _____

    Email used _____
    Username _____
    Password _____
    _____
    _____

    Notes _____
    _____
    _____

Web Site _____

    Email used _____
    Username _____
    Password _____
    _____
    _____

    Notes _____
    _____

Web Site

　　Email used
　　Username
　　Password

　　Notes

Web Site

　　Email used
　　Username
　　Password

　　Notes

Web Site

　　Email used
　　Username
　　Password

　　Notes

Web Site _____

    Email used _____
    Username _____
    Password _____
    _____
    _____

    Notes _____
    _____
    _____

Web Site _____

    Email used _____
    Username _____
    Password _____
    _____
    _____

    Notes _____
    _____
    _____

K

Web Site _____

    Email used _____
    Username _____
    Password _____
    _____
    _____

    Notes _____
    _____

K

Web Site _____

    Email used _____
    Username _____
    Password _____
    _____
    _____

    Notes _____
    _____
    _____

Web Site _____

    Email used _____
    Username _____
    Password _____
    _____
    _____

    Notes _____
    _____
    _____

Web Site _____

    Email used _____
    Username _____
    Password _____
    _____
    _____

    Notes _____
    _____
    _____

Web Site _____

    Email used _____
    Username _____
    Password _____
    _____
    _____

    Notes _____
    _____
    _____

Web Site _____

    Email used _____
    Username _____
    Password _____
    _____
    _____

    Notes _____
    _____
    _____

K

Web Site _____

    Email used _____
    Username _____
    Password _____
    _____
    _____

    Notes _____
    _____
    _____

Web Site _____

    Email used _____
    Username _____
    Password _____
    _____
    _____

    Notes _____
    _____
    _____

Web Site _____

    Email used _____
    Username _____
    Password _____
    _____
    _____

    Notes _____
    _____
    _____

Web Site _____

    Email used _____
    Username _____
    Password _____
    _____
    _____

    Notes _____
    _____
    _____

Web Site _____

    Email used _____
    Username _____
    Password _____
    _____
    _____

    Notes _____
    _____
    _____

Web Site _____

    Email used _____
    Username _____
    Password _____
    _____
    _____

    Notes _____
    _____
    _____

Web Site _____

    Email used _____
    Username _____
    Password _____
    _____
    _____

    Notes _____
    _____
    _____

L

Web Site

    Email used
    Username
    Password

    Notes

Web Site

    Email used
    Username
    Password

    Notes

Web Site

    Email used
    Username
    Password

    Notes

Web Site _____

    Email used _____
    Username _____
    Password _____

    _____
    _____

    Notes _____

    _____
    _____

Web Site _____

    Email used _____
    Username _____
    Password _____

    _____
    _____

    Notes _____

    _____
    _____

Web Site _____

    Email used _____
    Username _____
    Password _____

    _____
    _____

    Notes _____

    _____
    _____

L

Web Site

    Email used

    Username

    Password

    Notes

Web Site

    Email used

    Username

    Password

    Notes

Web Site

    Email used

    Username

    Password

    Notes

Web Site _____

    Email used _____
    Username _____
    Password _____
    _____
    _____

    Notes _____
    _____
    _____

Web Site _____

    Email used _____
    Username _____
    Password _____
    _____
    _____

    Notes _____
    _____
    _____

M

Web Site _____

    Email used _____
    Username _____
    Password _____
    _____
    _____

    Notes _____
    _____

M

Web Site _____

    Email used _____
    Username _____
    Password _____

    _____

    _____

    Notes _____

    _____

    _____

Web Site _____

    Email used _____
    Username _____
    Password _____

    _____

    _____

    Notes _____

    _____

    _____

Web Site _____

    Email used _____
    Username _____
    Password _____

    _____

    _____

    Notes _____

    _____

    _____

Web Site _____

    Email used _____
    Username _____
    Password _____
    _____
    _____

    Notes _____
    _____
    _____

Web Site _____

    Email used _____
    Username _____
    Password _____
    _____
    _____

    Notes _____
    _____
    _____

Web Site _____

    Email used _____
    Username _____
    Password _____
    _____
    _____

    Notes _____
    _____
    _____

M

Web Site

　　Email used
　　Username
　　Password

　　Notes

Web Site

　　Email used
　　Username
　　Password

　　Notes

Web Site

　　Email used
　　Username
　　Password

　　Notes

Web Site _____

    Email used _____
    Username _____
    Password _____
    _____
    _____

    Notes _____
    _____
    _____

Web Site _____

    Email used _____
    Username _____
    Password _____
    _____
    _____

    Notes _____
    _____
    _____

Web Site _____

    Email used _____
    Username _____
    Password _____
    _____
    _____

    Notes _____
    _____

N

Web Site _____

    Email used _____
    Username _____
    Password _____

    _____
    _____

    Notes _____

    _____
    _____

Web Site _____

    Email used _____
    Username _____
    Password _____

    _____
    _____

    Notes _____

    _____
    _____

Web Site _____

    Email used _____
    Username _____
    Password _____

    _____
    _____

    Notes _____

    _____
    _____

Web Site _____

    Email used _____
    Username _____
    Password _____
    _____
    _____

    Notes _____
    _____
    _____

Web Site _____

    Email used _____
    Username _____
    Password _____
    _____
    _____

    Notes _____
    _____
    _____

N

Web Site _____

    Email used _____
    Username _____
    Password _____
    _____
    _____

    Notes _____
    _____
    _____

Web Site _____

    Email used _____
    Username _____
    Password _____

    _____
    _____

    Notes _____
    _____
    _____

Web Site _____

    Email used _____
    Username _____
    Password _____

    _____
    _____

    Notes _____
    _____
    _____

Web Site _____

    Email used _____
    Username _____
    Password _____

    _____
    _____

    Notes _____
    _____
    _____

Web Site _____

    Email used _____
    Username _____
    Password _____

    _____
    _____

    Notes _____

    _____
    _____

Web Site _____

    Email used _____
    Username _____
    Password _____

    _____
    _____

    Notes _____

    _____
    _____

Web Site _____

    Email used _____
    Username _____
    Password _____

    _____
    _____

    Notes _____

    _____
    _____

O

Web Site _____

    Email used _____
    Username _____
    Password _____

    _____
    _____

    Notes _____

    _____
    _____

Web Site _____

    Email used _____
    Username _____
    Password _____

    _____
    _____

    Notes _____

    _____
    _____

Web Site _____

    Email used _____
    Username _____
    Password _____

    _____
    _____

    Notes _____

    _____
    _____

Web Site

    Email used

    Username

    Password

    Notes

Web Site

    Email used

    Username

    Password

    Notes

Web Site

    Email used

    Username

    Password

    Notes

O

Web Site

　　　　Email used
　　　　Username
　　　　Password

　　　　Notes

Web Site

　　　　Email used
　　　　Username
　　　　Password

　　　　Notes

Web Site

　　　　Email used
　　　　Username
　　　　Password

　　　　Notes

Web Site _____

    Email used _____
    Username _____
    Password _____
    _____
    _____

    Notes _____
    _____
    _____

Web Site _____

    Email used _____
    Username _____
    Password _____
    _____
    _____

    Notes _____
    _____
    _____

Web Site _____

    Email used _____
    Username _____
    Password _____
    _____
    _____

    Notes _____
    _____
    _____

P

Web Site

    Email used

    Username

    Password

    Notes

Web Site

    Email used

    Username

    Password

    Notes

Web Site

    Email used

    Username

    Password

    Notes

Web Site

    Email used

    Username

    Password

    Notes

Web Site

    Email used

    Username

    Password

    Notes

Web Site

    Email used

    Username

    Password

    Notes

Web Site

    Email used

    Username

    Password

    Notes

Web Site

    Email used

    Username

    Password

    Notes

Web Site

    Email used

    Username

    Password

    Notes

Web Site _____

    Email used _____
    Username _____
    Password _____
    _____
    _____

    Notes _____
    _____
    _____

Web Site _____

    Email used _____
    Username _____
    Password _____
    _____
    _____

    Notes _____
    _____
    _____

Web Site _____

    Email used _____
    Username _____
    Password _____
    _____
    _____

    Notes _____
    _____
    _____

Q

Web Site

Email used
Username
Password

Notes

Web Site

Email used
Username
Password

Notes

Web Site

Email used
Username
Password

Notes

Web Site _____

    Email used _____
    Username _____
    Password _____
    _____
    _____

    Notes _____
    _____
    _____

Web Site _____

    Email used _____
    Username _____
    Password _____
    _____
    _____

    Notes _____
    _____
    _____

Q

Web Site _____

    Email used _____
    Username _____
    Password _____
    _____
    _____

    Notes _____
    _____
    _____

Web Site _____

      Email used _____
      Username _____
      Password _____

      _____
      _____

      Notes _____
      _____
      _____

Web Site _____

      Email used _____
      Username _____
      Password _____

      _____
      _____

      Notes _____
      _____
      _____

Web Site _____

      Email used _____
      Username _____
      Password _____

      _____
      _____

      Notes _____
      _____
      _____

R

Web Site _____

    Email used _____
    Username _____
    Password _____
    _____
    _____

    Notes _____
    _____
    _____

Web Site _____

    Email used _____
    Username _____
    Password _____
    _____
    _____

    Notes _____
    _____
    _____

R

Web Site _____

    Email used _____
    Username _____
    Password _____
    _____
    _____

    Notes _____
    _____
    _____

Web Site _____

    Email used _____
    Username _____
    Password _____

    _____

    _____

    Notes _____

    _____

    _____

Web Site _____

    Email used _____
    Username _____
    Password _____

    _____

    _____

    Notes _____

    _____

    _____

Web Site _____

    Email used _____
    Username _____
    Password _____

    _____

    _____

    Notes _____

    _____

    _____

R

Web Site _____

    Email used _____
    Username _____
    Password _____
    _____
    _____

    Notes _____
    _____
    _____

Web Site _____

    Email used _____
    Username _____
    Password _____
    _____
    _____

    Notes _____
    _____
    _____

Web Site _____

    Email used _____
    Username _____
    Password _____
    _____
    _____

    Notes _____
    _____
    _____

R

S

Web Site _____

    Email used _____
    Username _____
    Password _____

    _____
    _____

    Notes _____
    _____
    _____

Web Site _____

    Email used _____
    Username _____
    Password _____

    _____
    _____

    Notes _____
    _____
    _____

Web Site _____

    Email used _____
    Username _____
    Password _____

    _____
    _____

    Notes _____
    _____
    _____

Web Site _____

    Email used _____
    Username _____
    Password _____
    _____
    _____

    Notes _____
    _____
    _____

Web Site _____

    Email used _____
    Username _____
    Password _____
    _____
    _____

    Notes _____
    _____
    _____

Web Site _____

    Email used _____
    Username _____
    Password _____
    _____
    _____

    Notes _____
    _____
    _____

S

Web Site _____

    Email used _____
    Username _____
    Password _____

    _____
    _____

    Notes _____

    _____
    _____

Web Site _____

    Email used _____
    Username _____
    Password _____

    _____
    _____

    Notes _____

    _____
    _____

S

Web Site _____

    Email used _____
    Username _____
    Password _____

    _____
    _____

    Notes _____

    _____
    _____

Web Site _____

 Email used _____
 Username _____
 Password _____
 _____
 _____

 Notes _____
 _____
 _____

Web Site _____

 Email used _____
 Username _____
 Password _____
 _____
 _____

 Notes _____
 _____
 _____

Web Site _____

 Email used _____
 Username _____
 Password _____
 _____
 _____

 Notes _____
 _____
 _____

Web Site

Email used
Username
Password

Notes

Web Site

Email used
Username
Password

Notes

Web Site

Email used
Username
Password

Notes

Web Site _____

    Email used _____
    Username _____
    Password _____
    _____
    _____

    Notes _____
    _____
    _____

Web Site _____

    Email used _____
    Username _____
    Password _____
    _____
    _____

    Notes _____
    _____
    _____

Web Site _____

    Email used _____
    Username _____
    Password _____
    _____
    _____

    Notes _____
    _____
    _____

T

Web Site _____

    Email used _____
    Username _____
    Password _____

    _____
    _____

    Notes _____

    _____
    _____

Web Site _____

    Email used _____
    Username _____
    Password _____

    _____
    _____

    Notes _____

    _____
    _____

Web Site _____

    Email used _____
    Username _____
    Password _____

    _____
    _____

    Notes _____

    _____
    _____

Web Site _____

    Email used _____
    Username _____
    Password _____
                     _____
                     _____

    Notes _____
    _____
    _____

Web Site _____

    Email used _____
    Username _____
    Password _____
                     _____
                     _____

    Notes _____
    _____
    _____

T

Web Site _____

    Email used _____
    Username _____
    Password _____
                     _____
                     _____

    Notes _____
    _____
    _____

Web Site _____

    Email used _____
    Username _____
    Password _____

    _____
    _____

    Notes _____
    _____
    _____

Web Site _____

    Email used _____
    Username _____
    Password _____

    _____
    _____

    Notes _____
    _____
    _____

Web Site _____

    Email used _____
    Username _____
    Password _____

    _____
    _____

    Notes _____
    _____
    _____

Web Site

    Email used

    Username

    Password

    Notes

Web Site

    Email used

    Username

    Password

    Notes

Web Site

    Email used

    Username

    Password

    Notes

U

U

Web Site _____

    Email used _____
    Username _____
    Password _____
    _____
    _____

    Notes _____
    _____
    _____

Web Site _____

    Email used _____
    Username _____
    Password _____
    _____
    _____

    Notes _____
    _____
    _____

Web Site _____

    Email used _____
    Username _____
    Password _____
    _____
    _____

    Notes _____
    _____
    _____

Web Site _____

    Email used _____
    Username _____
    Password _____

    _____

    _____

    Notes _____

_____

_____

Web Site _____

    Email used _____
    Username _____
    Password _____

    _____

    _____

    Notes _____

_____

_____

Web Site _____

    Email used _____
    Username _____
    Password _____

    _____

    _____

    Notes _____

_____

_____

U

Web Site _____

    Email used _____
    Username _____
    Password _____

    _____
    _____

    Notes _____

    _____
    _____

Web Site _____

    Email used _____
    Username _____
    Password _____

    _____
    _____

    Notes _____

    _____
    _____

Web Site _____

    Email used _____
    Username _____
    Password _____

    _____
    _____

    Notes _____

    _____
    _____

Web Site _____

    Email used _____
    Username _____
    Password _____
    _____
    _____

    Notes _____
    _____
    _____

Web Site _____

    Email used _____
    Username _____
    Password _____
    _____
    _____

    Notes _____
    _____
    _____

Web Site _____

    Email used _____
    Username _____
    Password _____
    _____
    _____

    Notes _____
    _____
    _____

V

Web Site

    Email used
    Username
    Password

    Notes

Web Site

    Email used
    Username
    Password

    Notes

Web Site

    Email used
    Username
    Password

    Notes

Web Site _____

    Email used _____
    Username _____
    Password _____
    _____
    _____

    Notes _____
    _____
    _____

Web Site _____

    Email used _____
    Username _____
    Password _____
    _____
    _____

    Notes _____
    _____
    _____

Web Site _____

    Email used _____
    Username _____
    Password _____
    _____
    _____

    Notes _____
    _____
    _____

V

Web Site _____

    Email used _____
    Username _____
    Password _____

    _____
    _____

    Notes _____
    _____
    _____

Web Site _____

    Email used _____
    Username _____
    Password _____

    _____
    _____

    Notes _____
    _____
    _____

Web Site _____

    Email used _____
    Username _____
    Password _____

    _____
    _____

    Notes _____
    _____
    _____

Web Site _____

    Email used _____
    Username _____
    Password _____

    _____
    _____

    Notes _____

    _____
    _____

Web Site _____

    Email used _____
    Username _____
    Password _____

    _____
    _____

    Notes _____

    _____
    _____

Web Site _____

    Email used _____
    Username _____
    Password _____

    _____
    _____

    Notes _____

    _____
    _____

W

Web Site _____

    Email used _____
    Username _____
    Password _____

    _____
    _____

    Notes _____

    _____
    _____

Web Site _____

    Email used _____
    Username _____
    Password _____

    _____
    _____

    Notes _____

    _____
    _____

Web Site _____

    Email used _____
    Username _____
    Password _____

    _____
    _____

    Notes _____

    _____
    _____

W

Web Site _____

    Email used _____
    Username _____
    Password _____
    _____
    _____

    Notes _____
    _____
    _____

Web Site _____

    Email used _____
    Username _____
    Password _____
    _____
    _____

    Notes _____
    _____
    _____

Web Site _____

    Email used _____
    Username _____
    Password _____
    _____
    _____

    Notes _____
    _____
    _____

W

Web Site

Email used
Username
Password

Notes

Web Site

Email used
Username
Password

Notes

Web Site

Email used
Username
Password

Notes

Web Site _____

    Email used _____
    Username _____
    Password _____

    _____

    _____

    Notes _____

    _____

    _____

Web Site _____

    Email used _____
    Username _____
    Password _____

    _____

    _____

    Notes _____

    _____

    _____

Web Site _____

    Email used _____
    Username _____
    Password _____

    _____

    _____

    Notes _____

    _____

X

Web Site

    Email used

    Username

    Password

    Notes

Web Site

    Email used

    Username

    Password

    Notes

Web Site

    Email used

    Username

    Password

    Notes

Web Site _____

    Email used _____
    Username _____
    Password _____
    _____
    _____

    Notes _____
    _____
    _____

Web Site _____

    Email used _____
    Username _____
    Password _____
    _____
    _____

    Notes _____
    _____
    _____

Web Site _____

    Email used _____
    Username _____
    Password _____
    _____
    _____

    Notes _____
    _____
    _____

X

Web Site _____

    Email used _____
    Username _____
    Password _____

    _____
    _____

    Notes _____

    _____
    _____

Web Site _____

    Email used _____
    Username _____
    Password _____

    _____
    _____

    Notes _____

    _____
    _____

Web Site _____

    Email used _____
    Username _____
    Password _____

    _____
    _____

    Notes _____

    _____
    _____

Web Site _____

    Email used _____
    Username _____
    Password _____

    _____
    _____

    Notes _____

    _____
    _____

Web Site _____

    Email used _____
    Username _____
    Password _____

    _____
    _____

    Notes _____

    _____
    _____

Web Site _____

    Email used _____
    Username _____
    Password _____

    _____
    _____

    Notes _____

    _____
    _____

Y

Web Site _____

    Email used _____
    Username _____
    Password _____
    _____
    _____

    Notes _____
    _____
    _____

Web Site _____

    Email used _____
    Username _____
    Password _____
    _____
    _____

    Notes _____
    _____
    _____

Web Site _____

    Email used _____
    Username _____
    Password _____
    _____
    _____

    Notes _____
    _____
    _____

Y

Web Site _____

    Email used _____
    Username _____
    Password _____
    _____
    _____

    Notes _____
    _____
    _____

Web Site _____

    Email used _____
    Username _____
    Password _____
    _____
    _____

    Notes _____
    _____
    _____

Web Site _____

    Email used _____
    Username _____
    Password _____
    _____
    _____

    Notes _____
    _____
    _____

Y

Web Site _____

    Email used _____
    Username _____
    Password _____
    _____
    _____

    Notes _____
    _____
    _____

Web Site _____

    Email used _____
    Username _____
    Password _____
    _____
    _____

    Notes _____
    _____
    _____

Web Site _____

    Email used _____
    Username _____
    Password _____
    _____
    _____

    Notes _____
    _____
    _____

Web Site _____

    Email used _____
    Username _____
    Password _____
                     _____
                       _____

    Notes _____
    _____
    _____

Web Site _____

    Email used _____
    Username _____
    Password _____
                     _____
                       _____

    Notes _____
    _____
    _____

Web Site _____

    Email used _____
    Username _____
    Password _____
                     _____
                       _____

    Notes _____
    _____
    _____

Z

Web Site

    Email used

    Username

    Password

    Notes

Web Site

    Email used

    Username

    Password

    Notes

Web Site

    Email used

    Username

    Password

    Notes

Z

Web Site _____

    Email used _____
    Username _____
    Password _____
    _____
    _____

    Notes _____
    _____
    _____

Web Site _____

    Email used _____
    Username _____
    Password _____
    _____
    _____

    Notes _____
    _____
    _____

Web Site _____

    Email used _____
    Username _____
    Password _____
    _____
    _____

    Notes _____
    _____
    _____

Z

Important Notes

Made in the USA
Las Vegas, NV
01 May 2021